DEUS E VÓS

PIEM

DEUS E VÓS

edições 70

Título original:
Dieu et vous

© Le Cherche Midi Editeur, 1996

Tradução: Marcelino Amaral

Capa: Piem

Letragem: Jorge Machado-Dias

Depósito Legal nº 216583/04

Impressão e acabamento: Manuel A. Pacheco, Lda.
para
EDIÇÕES 70, LDA.
Setembro 2004

ISBN: 972-44-1215-6

Direitos reservados para língua portuguesa
por Edições 70

EDIÇÕES 70, Lda.
Rua Luciano Cordeiro, 123 – 2º Esqº - 1069-157 Lisboa / Portugal
Telefs.: 213190240 – Fax: 213190249
e-mail: edi.70@mail.telepac.pt

www.edicoes70.pt

Esta obra está protegida pela lei. Não pode ser reproduzida,
no todo ou em parte, qualquer que seja o modo utilizado,
incluindo fotocópia e xerocópia, sem prévia autorização do Editor.
Qualquer transgressão à lei dos Direitos de Autor será passível
de procedimento judicial.

Deus tem sentido de humor
Simplesmente faltam-lhe
as oportunidades
de sorrir.

PIEM

CAPÍTULO I

Da existência de Deus e do bom uso que dela podemos fazer

CAPÍTULO II

Da dúvida à certeza
passando
pelos intermediários

ESTÁ AÍ ALGUÉM?
ALGUÉM
ALGUÉM
ALGUÉM
ALGUÉM
ALGUÉM
ALGUÉM
ALGUÉM
ALGUÉM
ALGUÉM
ALGUÉM
ALGUÉM
ALGUÉM
ALGUÉM
ALGUÉM
ALGUÉM

CAPÍTULO III

*Da utilização da fé
ao serviço da educação
das massas*

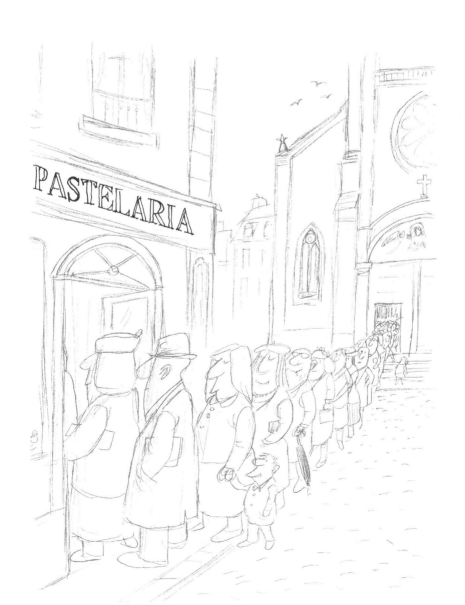

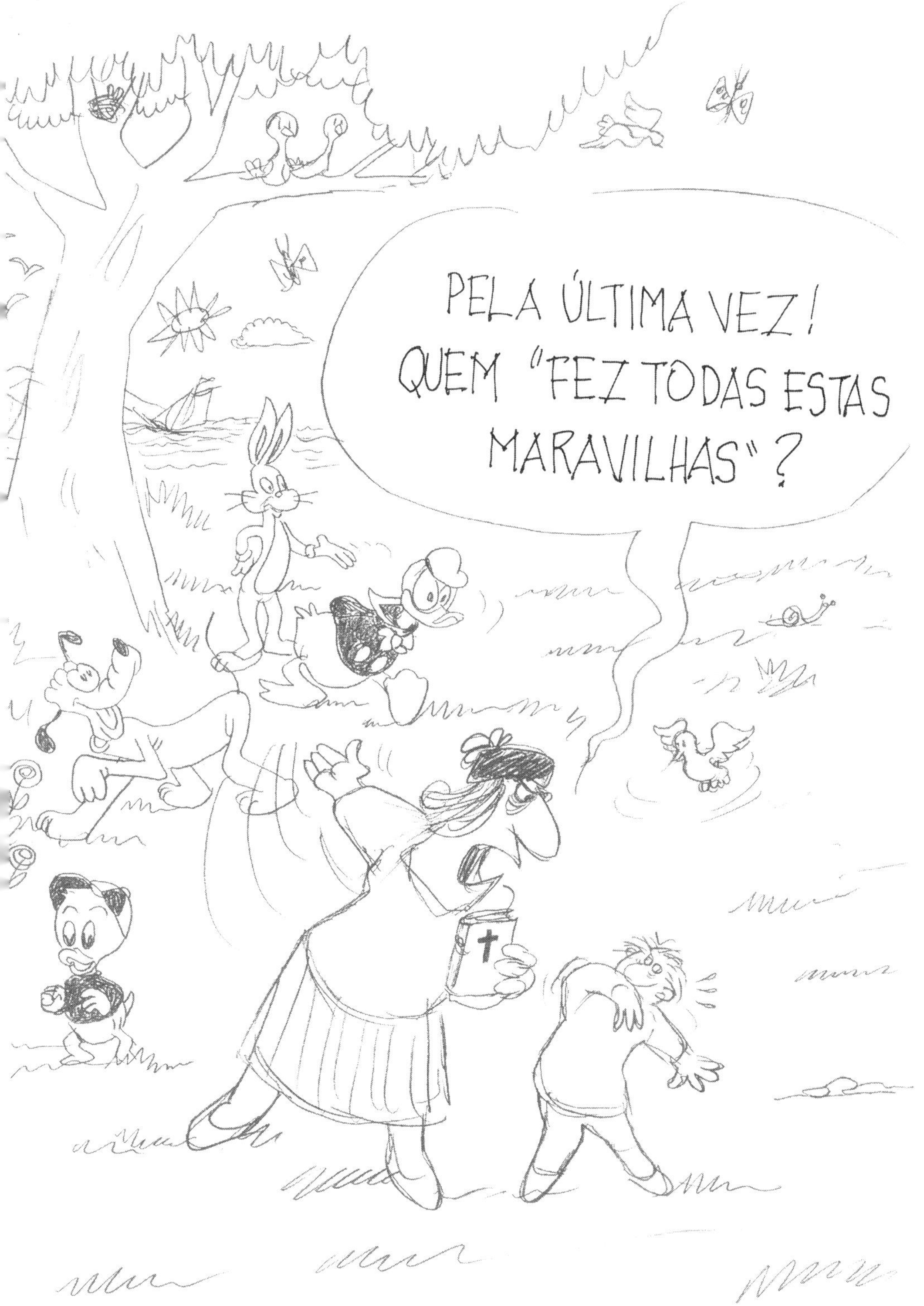
PELA ÚLTIMA VEZ! QUEM "FEZ TODAS ESTAS MARAVILHAS"?

CAPÍTULO IV

*A arte e maneira
de partilhar
convicções*

HOMEM EM ORAÇÃO
(Gravura do Séc. XXI D.C.)

CAPÍTULO V

Do mistério em geral e dos abusos em particular

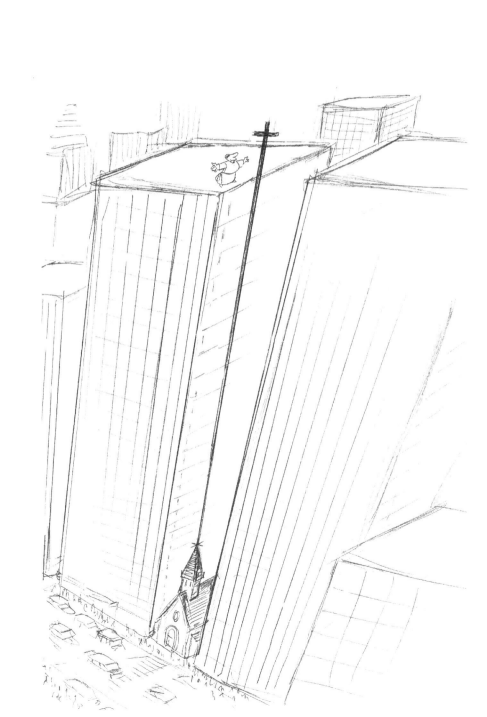

CAPÍTULO VI

*Deus: a forma e o fundo
ao alcance
de todos*

Conclusão

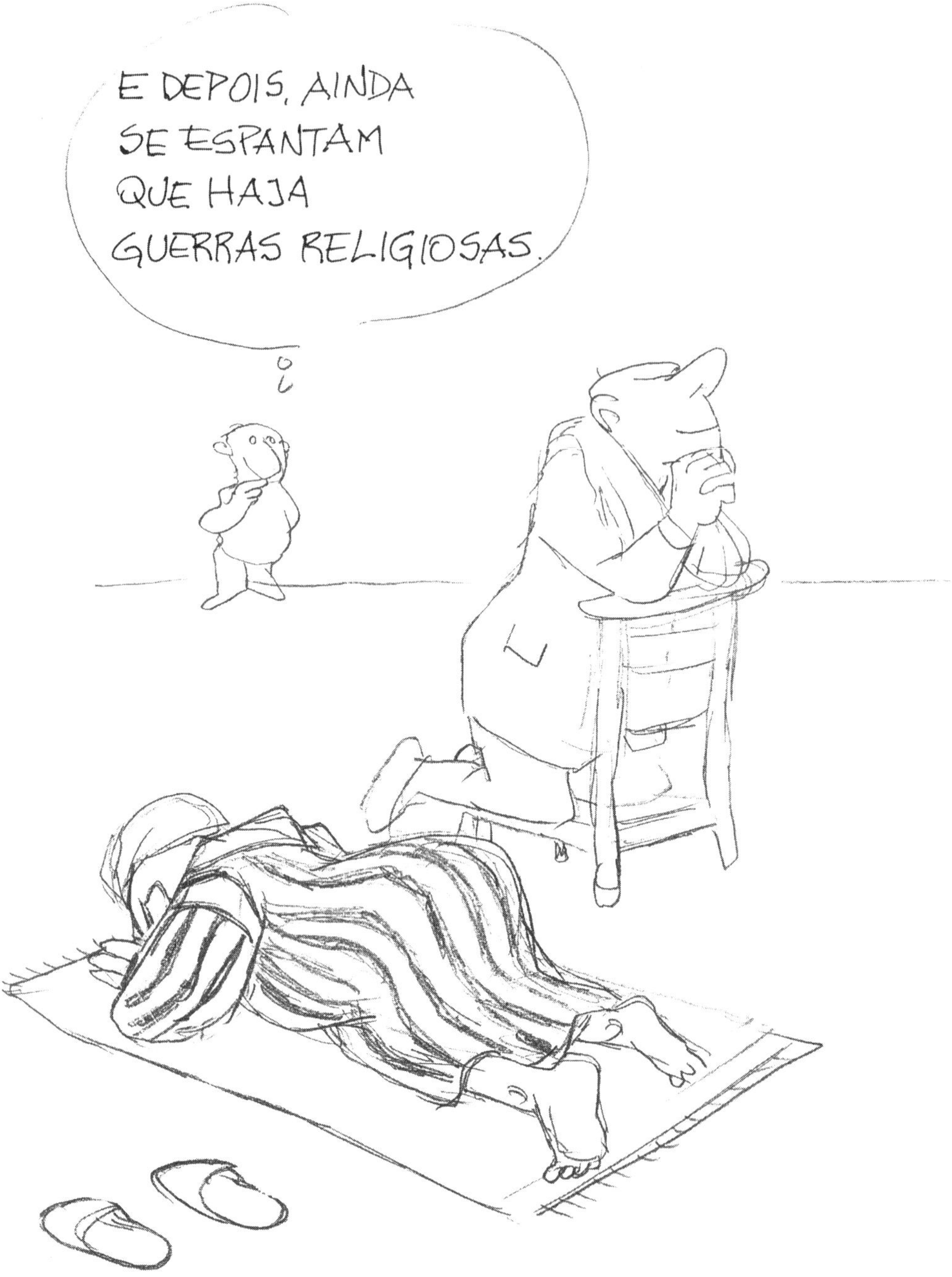
E DEPOIS, AINDA SE ESPANTAM QUE HAJA GUERRAS RELIGIOSAS.

1

2

Índice

CAPÍTULO I
Da existência de Deus e do uso que dela podemos fazer

CAPÍTULO II
Da dúvida à certeza, passando pelos intermediários

CAPÍTULO III
Da utilização da fé ao serviço da educação das massas

CAPÍTULO IV
A arte e maneira de partilhar convicções

CAPÍTULO V
Do mistério em geral e dos abusos em particular

CAPÍTULO VI
Deus: a forma e o fundo ao alcance de todos

Conclusão